궁금쟁이 김 선비

우리 전통 과학에 쏙 빠졌네!

일러두기

1. 문화재명은 문화재청 및 소장 박물관의 표기를 우선으로 따랐습니다.
2. 띄어쓰기는 국립국어원에서 펴낸 《표준국어대사전》을 기준으로 삼았습니다.

궁금쟁이 김 선비 우리 전통 과학에 쏙 빠졌네!

초판 1쇄 발행 2015년 9월 30일
초판 3쇄 발행 2025년 10월 13일

글   서선연
그림 백명식

펴낸곳 도서출판 개암나무(주)
펴낸이 김보경
경영관리 총괄 김수현   **경영관리** 배정은 조영재
편집 조원선 김소희 오은정 이혜인   **디자인** 이은주   **마케팅** 이기성
출판등록 2006년 6월 16일 제22-2944호

주소 서울특별시 용산구 한남대로40길 19, 4층(한남동, JD빌딩) (우)04417
전화 (02)6254-0601, 6207-0603   **팩스** (02)6254-0602   **E-mail** gaeam@gaeamnamu.co.kr
개암나무 블로그 http://blog.naver.com/gaeamnamu   **개암나무 카페** http://cafe.naver.com/gaeam

ⓒ 서선연, 2015
이 책의 저작권은 저자에게 있습니다. 저자와 출판사의 허락 없이 내용의 일부를 인용하거나 발췌하는 것을 금합니다.

ISBN 978-89-6830-190-2 74300
ISBN 978-89-6830-017-2(세트)

이 도서의 국립중앙도서관 출판시도서목록(CIP)은 서지정보유통지원시스템 홈페이지(http://seoji.nl.go.kr)와
국가자료공동목록시스템(http://www.nl.go.kr/kolisnet)에서 이용하실 수 있습니다.
(CIP제어번호: CIP2015023269)

품명 아동 도서 | **제조년월** 2025년 10월 13일 | **사용연령** 10세 이상
제조자명 개암나무(주) | **제조국명** 대한민국 | **전화번호** 02-6254-0601
주소 서울특별시 용산구 한남대로40길 19, 4층(한남동, JD빌딩)

궁금쟁이 김 선비
우리 전통 과학에 쏙 빠졌네!

우리 지리와 함께 보는 전통 과학 이야기

서선연 글 백명식 그림

개암나무

• 작가의 말 •

팔도에 숨겨진 놀라운 전통 과학을 찾아 옛사람들의 슬기와 지혜를 배워요!

우리나라의 전통 과학이라는 말을 들었을 때 고개를 갸웃했어요. '도대체 뭐가 과학적이라는 거지?' 하고 한껏 의심의 눈초리를 보냈지요. 과학이라고 하면 실험실과 비커, 하얀 가운을 입은 과학자가 먼저 떠오르잖아요. 그런데 흙으로 만든 옹기와 너무도 흔한 온돌에서 '과학'을 찾으라니요!

'옹기와 온돌에 어떤 과학이 숨어 있는 거야?'

'우리나라에 전통 과학 발명품이 있을까?'

이 책은 이런 호기심에서 시작되었어요. 책을 쓰기 위해 자료를 모으고, 공부를 하면서 우리나라도 서양 못지않게 과학 수준이 뛰어났다는 것을 알게 되었어요. 흔한 옹기와 온돌에도 놀라운 과학 원리가 담겨 있다는 사실도요.

　무엇보다 중요한 것은, 우리나라의 전통 과학은 자연에서 시작되었다는 사실이에요. 흙으로 만든 옹기, 그림자로 시각을 알 수 있는 해시계, 땅을 파서 얼음을 저장한 석빙고까지 자연을 최대한 있는 그대로 활용했지요. 편리함을 추구하면서도 자연을 배려했던 조상들의 슬기와 지혜를 보며 새삼 자부심을 느꼈답니다.

　옛사람들에게 그랬듯 과학은 멀리 있는 게 아니에요. 아주 가까이에서 우리의 삶을 편리하게 이끌어 주고 있지요. 여러분도 주위를 한번 둘러보세요. 궁금쟁이 김 선비처럼 호기심 어린 눈으로요. 작고 사소한 곳 하나에서도 신통방통한 과학 원리를 찾을 수 있을 거예요!

서선연

어느 날, 김 선비가 친구 이 선달네 집에 갔어.
이 선달이 역관*인 친척을 따라 청나라*에 갔다가
별별 신기한 책과 물건들을 가져왔거든.
"이보게, 이 선달. 이게 뭔가?"
김 선비가 길쭉한 물건을 가리켰어.
"그건 천리경이라는 걸세.
멀리 있는 것도 바로 앞에 있는 것처럼 가까이 보인다네."
천리경을 들여다보던 김 선비는 그만 뒤로 쿵 나자빠졌어.
마당에 있는 닭이 마치 눈앞에서 부리로
콕콕 쪼아 대는 것처럼 보이지 뭐야.

역관 통역을 맡아보는 관리.
청나라(1616~1912) 만주족의 누르하치가 중국을 통일하고 세운 나라로서, 중국의 마지막 왕조.

"이건 또 뭔가?"
김 선비가 그림이 잔뜩 그려진 책을 가리켰어.
"여러 기계 장치에 관해 설명한 책일세.
힘을 적게 들이고도 무거운 것을 들어 올릴 수 있는 기기와
물을 높은 곳으로 끌어 올릴 수 있는 편리한 기기들이 나와 있지."
"이런 게 있으면 백성들의 삶도 편해질 텐데. 청나라가 부럽구먼."
김 선비가 후유 한숨을 내쉬었어.

"너무 부러워 말게. 우리 조선 땅에도 그런 것들이 있지 않나."
"나도 떠오르는 게 있긴 하네만, 직접 본 적은 없어서……."
김 선비가 고개를 갸웃거렸어.
"그럼 이참에 내기를 하는 게 어떤가? 방방곡곡을 다니면서 백성들의 삶을 이롭게 하는 것들을 찾아보는 걸세."
"그거 좋은 생각이군."
이렇게 해서 둘은 조선 팔도로 내기 여행을 떠나게 되었어.

다음 날, 김 선비는 아침 일찍 괴나리봇짐을 지고 집을 나섰어.
돌쇠도 하품을 하며 뒤따랐지.
"벌써 찾은 건가? 왜 혜정교˚로 나오라는 거지?"
김 선비가 툴툴거리며 종로 혜정교 앞에 다다랐어.
사람들이 가마솥처럼 오목하게 생긴 그릇을 에워싸고 있었어.
그 속에 이 선달이 있었지.
김 선비가 사람들을 헤치고 이 선달 옆에 섰어.
"이걸 보게. <u>글을 몰라도 시각을 알 수 있는 기구</u>라네.
그림자가 토끼를 가리키면 묘시˚이고, 용을 가리키면 진시˚이지."
이 선달이 그림자를 가리키며 말했어.
그러자 옆에 있던 한 사내가 소스라치게 놀랐어.
"그럼 지금은 진시가 아닙니까? 어이쿠! 늦었네.
묘시까지 이 생선을 육의전˚에 가져가야 하는데."
사내는 지게를 지고 헐레벌떡 달려갔어.

혜정교 서울시 종로구 종로 1가에 있던 다리.
묘시 오전 5시에서 7시까지를 이르는 시간.
진시 오전 7시에서 9시까지를 이르는 시간.
육의전 조선 시대에 한양에서 운영되던 여섯 개의 상설 시장.

앙부일구 복원 모형

앙부일구란 '하늘을 쳐다보는 솥 모양의 해시계'라는 뜻이에요. 1434년 세종 대왕 때 장영실이 이천, 김조 등과 함께 만든 것이지요. 앙부일구는 바늘의 그림자로 시각과 절기를 한 번에 알 수 있어요. 사람들이 많이 다니는 한양의 혜정교와 종묘 남쪽 거리에 설치하여 누구나 쉽게 시간을 알 수 있도록 했답니다. 이 모형은 보물 제845인 앙부일구의 복제품으로 진품은 국립고궁박물관에서 만날 수 있어요.

"어떤가? 이 해시계야말로 백성을 위한 게 아닌가!
시간뿐 아니라 씨 뿌리는 때도 알려 주니 얼마나 편리한 기구인가."
"과연 그렇구먼. 가까이에 두고도 몰랐네그려. 이번 판은 내가 졌네."
김 선비는 무릎을 치며 고개를 끄덕였어.
"글쎄, 수원에 가면 장정 수십 명도 들기 힘든 돌을
거뜬히 들어 올리는 기계가 있다는구먼."
지나가는 보부상*들의 말에 김 선비가 귀를 쫑긋거렸어.
그러고는 알 듯 말 듯한 미소를 지었지.
"이보게, 이 선달. 다음은 경기도네. 어서 가세!"

보부상 봇짐장수와 등짐장수를 통틀어 이르는 말.

대동여지도(보물 제850호, 성신여자대학교 박물관 소장)
1861년 지리학자 김정호가 만든 우리나라 지도예요. 산맥, 하천 등 다양한 지형을 세세하게 표현하여 조선 시대 지도 가운데 가장 정확하고 과학적인 지도로 손꼽히지요.

대동여지도가 어떻게 만들어졌는지 궁금하다면? _85쪽

"이 산 하나만 넘으면 되겠군!

지도가 있으니, 길 찾기가 참 쉽구먼."

김 선비가 지도를 들여다보며 혼잣말을 했어.

"이보게, 이 선달. 저 아래가 바로 화성이라네."

김 선비가 성벽이 구불구불 펼쳐져 있는 성을 가리켰어.

"정말 아름답구먼. 마치 버들잎이 핀 것 같네."

이 선달과 돌쇠는 김 선비가 가리키는 곳을 바라보았어.

"나리님들, 어서 가십시다요. 배가 고픕니다요."

돌쇠가 서둘러 앞장서서 걸었어.

수원 화성 팔달문(보물 제402호, 경기도 수원시 장안구)
조선 정조 임금 때 세운 성이에요. 전통적인 건축 방법과 서양의 기술을 두루 이용하여 군사적 기능과 상업적 기능을 모두 갖춘 실용적인 구조로 지어졌어요. 준비 과정에서 완공에 이르기까지 상세하게 기록으로 남겨 유네스코 세계 문화유산에도 등재되었지요.

셋은 한참 만에 화성에 다다랐어.

"이게 왜 말썽이지? 도르래가 전혀 움직이지 않네."

커다란 기계 앞에서 사람들이 한숨만 푹푹 내쉬고 있었어.

김 선비도 기계를 들여다보았지만 뭐가 뭔지 알 수가 없었지.

그러자 이 선달이 도포를 벗어 던지고 한참 기계를 살펴보더니 말했어.

"거중기로구먼. 여기 줄이 잘못 끼워져 있군 그래.

제대로 힘을 받으려면 이 줄은 여기에, 또 이 줄은 여기로……."

이 선달은 바삐 움직이며 거중기를 고치기 시작했어.

"이제 해 보게! 잘 움직일 걸세."

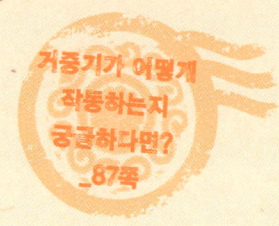

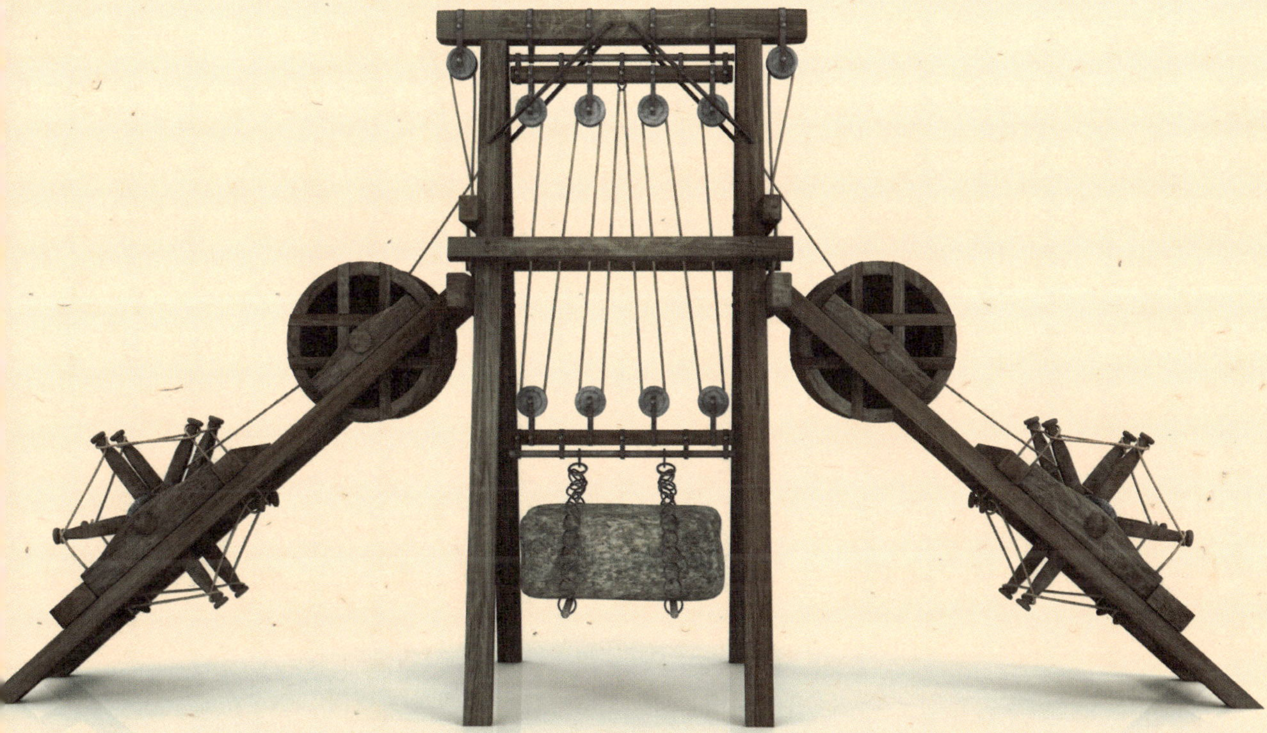

거중기
정조 임금의 명령으로 정약용이 《기기도설》*을 참고하여 만든 기계예요. 8개의 도르래를 이용하여 작은 힘으로도 무거운 물체를 들어 올릴 수 있었지요. 거중기를 사용함으로써 화성을 쌓는 데 드는 시간과 비용을 크게 줄였어요.

기기도설 중국 명나라 때에 기계를 그림으로 그려 풀이한 책.

"이제 됩니다요. 나리 덕분에 힘들이지 않고
다시 성벽을 쌓을 수 있게 되었구먼요."
장정들이 연신 고개를 숙이며 이 선달한테 인사를 했어.
"거중기를 고치시다니, 이 선달님은 정말 대단하십니다."
돌쇠가 신기한 듯 말했어.
"《기기도설》이란 책에서 본 적이 있어 해 보았지."
이 선달이 겸연쩍어하며 다시 도포를 입었어.
"흠흠, 기계는 자네가 고쳤지만, 이번 판은 내가 이겼네.
거중기는 내가 찾았으니까."
"알았네, 알았어."
김 선비 일행은 다시 길을 떠났어.

김 선비 일행은 가다 쉬다 하며 충청도로 향했어.
"이보게, 이 선달. 얼마나 더 가야 하나?"
"조금만 더 가면 된다네. 어서 따라오게."
그런데 아까부터 돌쇠가 얼굴을 잔뜩 찌푸린 채
다리를 배배 꼬고 있었어.
"나리, 아까 시장에서 떡을 급하게 먹었더니,
아랫배가 살살 아픈 것이 아무래도 뒤가 마렵……."
"조금만 참아 보아라, 조금만."
"나리, 도저히 참을 수가 없습니다요!"
돌쇠는 두 손으로 뒤를 틀어막고는
커다란 나무 뒤로 후다닥 뛰어갔어.

뿌지직, 뿌지직, 뿌아아아앙!
돌쇠는 요란한 소리를 내며 시원하게 볼일을 보았어.
가뿐한 마음으로 바지춤을 올리는데,
눈앞에 한 노인이 우뚝 서서 돌쇠를 지켜보고 있지 뭐야!
"아이고, 깜짝이야!"
돌쇠는 화들짝 놀라며 옆으로 비켜섰어.
"이 귀한 거름을 아무 데나 흘리고 다니면 쓰나."
똥장군을 진 노인이 돌쇠의 똥을 조심스레 퍼 담았어.

똥장군
똥을 담아 나르는 그릇으로, 나무나 옹기로 만들었어요. 물, 술, 간장 따위의 액체를 담아서 옮길 때 쓰는 그릇을 '장군'이라고 하지요. 지금처럼 비료나 거름을 쉽게 구할 수 없던 시절에 사람의 배설물은 아주 좋은 거름이었답니다.

"바로 저걸세."

이 선달이 노인의 지게를 가리켰어.

"저건 흔한 똥장군이 아닌가? 저것이 백성을 위한 거라고?"

"그렇다네. 똥장군은 무엇으로 만드는가?"

"그야 옹기지."

이 선달이 담 너머 장독대를 가리키며 말했어.

"옹기에 된장과 고추장을 담으면 맛이 좋아지고,
똥장군에 똥을 담아 거름으로 쓰면 농사가 잘 되지 않나."

"어허, 그렇구먼."

"제 똥도 좋은 거름이 되겠지요? 이번엔 이 선달님이 이기셨습니다."

돌쇠가 능청을 떨며 말했어.

김 선비 일행이 전라도 전주에 온 지도 며칠이 지났어.
"전라도 음식이 맛깔스럽다더니만,
정말로 맛있는 냄새가 솔솔 납니다요."
시장을 둘러보던 돌쇠가 코를 킁킁거렸어.
"대체 어디서 이렇게 맛있는 냄새가 나는 게냐?"
김 선비가 콧구멍을 벌름거리며 돌아서다가 그만,
종이 뭉치를 들고 뛰어가던 아이와 부닥쳤어.
퍽 소리가 나더니 하얀 종이가 진흙탕에 떨어지고 말았지.
"으앙, 이를 어째? 조지서 지장님한테 혼나겠네."
아이가 진흙이 묻은 종이를 주우며 울먹였어.
"애야, 나와 함께 조지서로 가자꾸나. 내가 변상을 하마."

조지서 조선 시대에, 종이를 만드는 일을 맡아보던 관아.
지장 조선 시대에, 조지서에 속하여 종이 만드는 일을 맡아 하던 사람.

조지서에 들어서니, 쿵쿵 나무 찧는 소리와 삭삭 껍질 벗기는 소리,
가마솥에서 보글보글 끓는 소리가 들려왔어.
"이보게, 자네는 김 선비가 아닌가?"
마침 조지서 앞을 지나던 관리가 김 선비를 보고 알은체했어.
"이게 누군가! 전주로 부임*했다는 소식은 들었네만,
조지서에서 일하고 있었구먼."
김 선비는 조지서 관리와 반갑게 인사를 나누고 나서
조심스럽게 말을 꺼냈어.
"아까 시장에서 아이와 부닥쳐 그만 종이에
진흙이 묻었지 뭔가."
"걱정 말게. 한지는 질기고 튼튼해서
흙을 떼어 내고 잘 씻어 말리면
다시 쓸 수 있으니까."
김 선비는 휴 하고 한숨을 내쉬었어.
아이도 그제야 빙긋 웃었어.

부임 임명이나 발령을 받아 근무할 곳으로 감.

한지
닥나무의 껍질로 만든 전통 종이예요. 희고 윤이 나며, 먹물이 잘 스며드는 데다가, 오랜 시간이 지나도 변하지 않는 질기고 우수한 종이랍니다.

"내가 찾은 것이 바로 이걸세. 우리의 한지!
이렇게 반질반질 윤이 나고, 질긴 종이는
이 땅의 초지공이 아니고서는 만들 수가 없다네."
김 선비가 조지서를 둘러보며 말했어.
"그래서 아주 옛날부터 중국에서도 한지를 극찬하지 않았던가!"
이 선달이 말을 거들었어.
"이번엔 김 선비님이 이기셨습니다요. 그런데 나리,
아까 조지서에서 받은 한지로 무얼 하실 겁니까?"
"한양에 계시는 부모님과 안사람에게 안부 편지를 보내야겠다."
김 선비가 한지를 돌돌 말자, 돌쇠가 슬쩍 고개를 들이밀었어.
"나리, 곱단이가 잘 있는지도 좀 물어봐 주셔요."
돌쇠의 얼굴이 발그레해졌어.

초지공 한지 장인.

며칠 동안 산을 오르내리고 들판을 지나자,
비릿한 냄새가 풍겨 왔어.
"이게 말로만 듣던 바다 냄새로구나!"
김 선비는 난생처음 전라도 여수 바다에 왔어.
"나리님들, 배가 고파서 물고기라도 잡아야겠습니다."
돌쇠가 버드나무 가지를 꺾어 뚝딱 낚싯대를 만들어 왔어.
셋이 잔잔한 바다에 낚싯대를 드리우고 있는데,
한 남자가 부랴부랴 달려왔어.
"이보시오, 여기가 어딘 줄 알고 함부로 낚시를 한단 말이오!"

"저길 좀 보시오."
남자가 가리킨 곳을 보고 셋은 그만 입이 떡 벌어졌어.
사람들이 거북 모양의 커다란 배를 만들고 있었지.
"이곳은 거북선을 만드는 조선소요.
200여 년 전, 임진년에 왜군이 쳐들어왔을 때
이곳 조선소에서 만든 배로 왜군을 무찔렀다오.
지금도 전쟁을 대비하여 배를 만들고 있소이다."
남자가 자랑스레 말했어.

거북선에 숨은 과학이 궁금하다면?
_94쪽

거북선 복원 모형(전쟁기념관 소장)
거북 모양의 전투함이에요. 배의 몸체에 둥근 지붕을 씌우고 그 위에 쇠못을 박았어요. 배의 앞머리에는 용의 머리를 달았고, 배 양쪽에는 대포 구멍을 내어 적을 향해 대포를 쏠 수 있게 했어요. 임진왜란 때, 이순신 장군이 거북선을 이용하여 왜적을 크게 무찔렀답니다.

"이보게, 김 선비. 거북선이야말로 나라를 구하고
백성들을 지켜 준 위대한 발명품이 아닌가!"
"그렇지. 거북선이 없었다면 우리 조선 땅이 지금처럼
무사하지 못했겠지."
"그럼 이번 판은 내가 이긴 건가?"
이 선달이 도포 자락을 펄럭이며 앞서가자,
김 선비가 따라잡았어.
"그건 아니지, 이 사람아. 자네나 나나 우연히 발견한 것을!"
"같이 가십시다요."
돌쇠가 나귀를 재촉하며 뒤를 따랐어.

김 선비 일행은 밤늦게 경상도 경주에 도착했어.
주막에서 눈을 붙이는데, 꼭두새벽부터 밖이 소란스러웠어.
"문 좀 열어 보시오! 한양에서 온 돌쇠란 놈을 찾고 있소!"
누군가 방문을 두드리며 말했어.
김 선비는 문을 빼꼼 열고 밖을 내다보았어.
돌쇠는 영문을 몰라 어리둥절해하고 있었지.
"간밤에 석빙고에서 얼음 하나를 도둑맞았소.
돌쇠란 놈이 석빙고 근처에서 어슬렁거리는 걸 본 사람이 있소."
그러고는 포졸 둘이 방으로 들어와 돌쇠를 끌고 가려 했어.
"왜 이러십니까요. 저는 아닙니다. 나리, 살려 주십시오. 나리!"
김 선비와 이 선달도 급히 뒤따라 나왔어.
'돌쇠가 누명을 쓴 게 틀림없어.'
김 선비는 돌쇠에게 누명을 씌운 못된 범인을 잡아야겠다고 생각했어.
"돌쇠가 범인일 리 없소. 우리도 함께 가겠소이다."

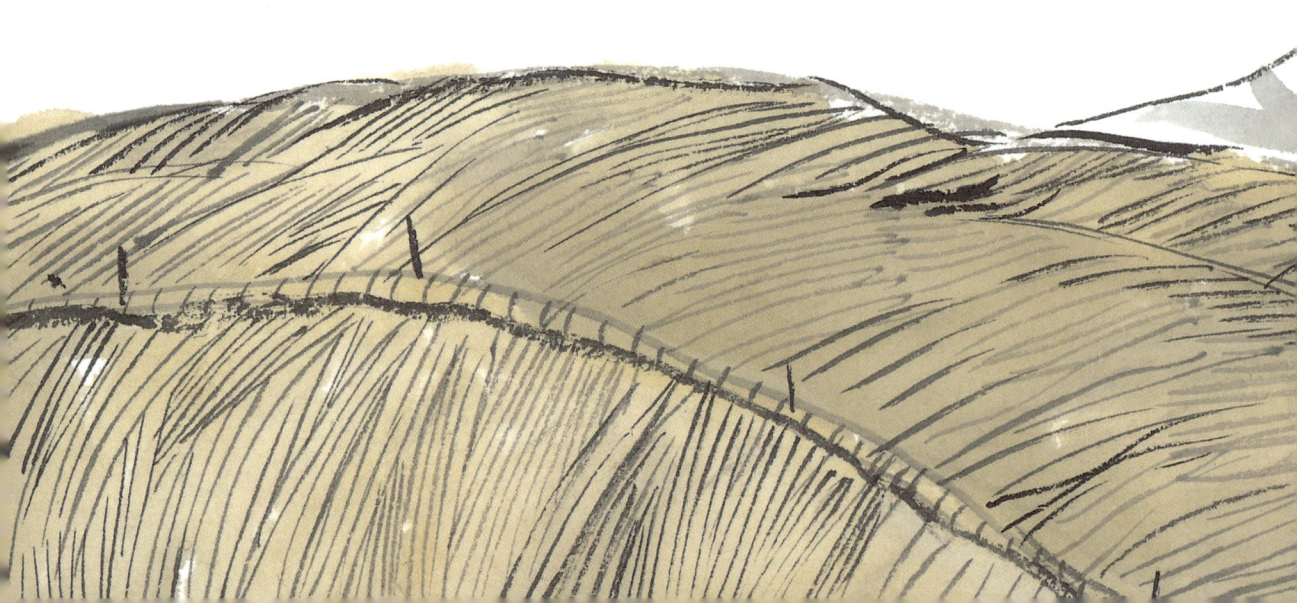

포졸들이 석빙고 문 앞을 지키고 있었어.

포졸의 말대로 가지런히 쌓아 올린 얼음 사이로 빈 부분이 있었지.

김 선비와 이 선달은 석빙고 앞에 난 발자국을 살펴보았어.

얼음과 지푸라기도 찬찬히 들여다보았지.

"지난밤 여기서 돌쇠를 보았다는 사람이 누구요?"

"바로 저 사람이오."

포졸들이 한 사내를 가리켰어.

김 선비와 이 선달은 그 사내를 꼼꼼히 살펴보았어.

"진짜 범인을 찾았소이다!"

김 선비와 이 선달이 동시에 외쳤어.

석빙고에 숨은 과학이 궁금하다면? _98쪽

경주 석빙고(보물 제66호, 경상북도 경주시 인왕동)
석빙고는 얼음을 보관하는 창고예요. 땅을 파서 굴을 만들고 그 안에 돌을 쌓아 만들었어요. 한겨울에 강물이 얼면 잘라서 석빙고 안에 보관했답니다. 전기도, 냉장 시설도 없던 시절에 석빙고는 조상들의 슬기가 담긴 천연 냉장고 역할을 했어요.

"범인은 바로 저자요."

모두들 김 선비가 가리키는 쪽을 바라보았어.

"어젯밤 비가 내려 석빙고 주변이 온통 진흙탕이 되었소."

김 선비의 말에 포졸들이 맞장구를 쳤어.

"그렇습니다. 관아에 있는 측우기에도 물이 찼지요."

"그래서 석빙고로 가는 길에 발자국이 선명히 남아 있소이다. 저자의 발 크기와 여기에 찍힌 발자국 크기가 똑같소."

김 선비가 말을 마치자, 이 선달이 이어서 말했어.

"저자의 앞섶 자락에 지푸라기가 붙은 게 보이시오? 저 지푸라기에 물기가 묻어 있을 거요. 짚으로 덮어 놓은 얼음을 꺼냈다는 증거이지요."

사내가 풀썩 주저앉아 울음을 터뜨렸어.

"아들놈이 열이 펄펄 끓어서, 열을 식혀 주려고 그만……."

측우기에 숨은 과학이 궁금하다면? _97쪽

창덕궁 측우대(보물 제844호, 국립고궁박물관 소장)
측우기는 비의 양을 재는 기구예요. 받침대인 측우대와 빗물이 고이는 우량계로 이루어졌는데, 비가 그치면 우량계에 '주척'이라는 자를 꽂아 비의 양을 쟀어요. 측우기를 통해 강우량을 알 수 있어서 농사에 큰 도움이 되었지요.

"더 많은 곳에 석빙고를 만들면 얼음 도둑이 생기지 않으련만.
백성들의 삶을 편하게 만드는 것이 이토록 어렵단 말인가!"
김 선비는 잡혀가는 사내를 보며 안타까워했어.
"나리님들 아니었으면 얼음 도둑으로 몰려
옥에 갇힐 뻔했습니다요."
돌쇠는 몇 번이나 고맙다고 말하며 머리를 조아렸어.
"그런데 나리, 이번엔 누가 이겼습니까요?"
"글쎄다. 김 선비가 석빙고를 보고 크게 느낀 바가 있으니,
내가 양보해야겠구나.
범인을 밝히는 데 결정적인 단서도 찾았고."
김 선비와 이 선달은 씁쓸하게 웃으며 또 길을 나섰어.

김 선비 일행이 강원도 산골짜기를 지나고 있는데,
어디선가 사사삭, 사사삭 소리가 들렸어.
"호, 호, 혹시 멧돼지가 아닐까요?"
돌쇠가 불안한 눈빛으로 주변을 두리번거렸어.
"걱정 마라. 멧돼지가 나오면 냅다 내리쳐서 잡을 테니."
김 선비가 팔을 휘휘 휘둘렀어.
사사삭, 사사삭 소리가 점점 더 가까이 다가왔어.
돌쇠는 덜덜 떨며 커다란 바위 뒤에 숨었어.
이 선달도 무서웠지만, 애써 태연한 척했지.
소리가 더욱 가까워지자,
김 선비는 고삐를 꼭 움켜쥐고 세차게 뛰어들었어.

그런데 웬걸, 멧돼지는커녕,
웬 나무꾼이 땅바닥에 납작 엎드려 있지 뭐야.
"지붕을 이으려고 너와를 주우러 왔는데, 이게 웬 봉변이오!"
"우린 또 멧돼지인 줄 알고……. 미안하오.
그런데 이 나뭇조각으로 지붕을 잇는단 말이오?"
김 선비가 머리를 긁적이며 물었어.
"그렇소. 이 나뭇조각으로 지붕을 이으면
여름에는 시원하고, 겨울에는 아주 따뜻하다오."
"산지가 대부분인 강원도라서 가능한 일이구먼.
참말로 지혜로운 방법이야!"
이 선달이 나뭇조각을 꼼꼼히 살피며 말했어.

너와집에 숨은 과학이 궁금하다면?
_101쪽

너와집

강원도에서 볼 수 있는 독특한 가옥이에요. '너와'라고 부르는 나뭇조각으로 지붕을 이었지요. 바람에 너와가 날아가지 않도록, 지붕 위에 돌이나 통나무를 얹어 두었어요. 여름에는 너와 사이로 시원한 바람이 들어오고, 겨울에는 지붕에 쌓인 눈이 너와 사이의 빈틈을 메워 집 안의 온기가 밖으로 나가지 않게 해요.

또다시 사사삭, 사사삭 소리가 들렸어.
"이, 이번에는 진짜 멧돼지인가?"
이 선달이 겁에 질려 오들오들 떨었어.
"궁금하면 직접 확인해 보면 되지!"
김 선비가 나뭇조각을 소리 나는 쪽으로 툭 던졌어.
꾸울꿀! 꾸울꿀!
멧돼지 한 마리가 요란한 소리를 내며 쏜살같이 달려오지 뭐야!
"나리, 제발 그 궁금증 좀 참아 주세요!
이번엔 이 선달님이 이기셨습니다요."
"이놈아, 너는 멧돼지한테 쫓기면서도 내기 타령이냐!"
세 사람은 한달음에 황해도까지 달아났어.

김 선비 혼자서 터덜터덜 황해도 땅을 걷고 있었어.
왜 김 선비 혼자냐고?
농악 소리에 이끌려 잠시 한눈을 판 사이,
이 선달과 돌쇠가 감쪽같이 사라져 버렸어.
"이 둘을 어디서 찾아야 하나? 이쪽인가? 아니면 저쪽?"
김 선비는 지도를 들여다보며 걷다가
그만 발을 헛디뎌 강물에 풍덩 빠지고 말았어.
"사람 살려, 사람 살려!"
마침 지나가던 사내가 김 선비를 구해 주었어.
사내는 김 선비를 자기 집으로 데리고 갔지.

온돌에 숨은 과학이 궁금하다면? _105쪽

온돌
온돌은 우리나라만의 독특한 전통 난방법이에요. 바닥에 흙을 쌓아 둑을 만들고, 그 위에 넓적한 돌을 깔아서 만들지요. 아궁이에 불을 때면 열기가 지나가면서 돌을 데워 방바닥이 따뜻해지는 원리예요. 아궁이에는 부뚜막을 만들어 그 불로 음식을 할 수 있어요.

"나리, 방 안으로 들어가 몸을 좀 녹이세요."
김 선비는 옷을 갈아입고, 온돌 방에 들어가 이불을 뒤집어썼어.
이가 딱딱 부딪치고, 온몸이 오들오들 떨렸어.
"불을 지폈으니, 방이 따뜻해질 겁니다요."
사내 말대로 한참 지나니, 아랫목이 따뜻해지기 시작했어.
몸이 녹자 김 선비는 까무룩 잠이 들었어.
한참을 자다가 달그락거리는 소리에 잠이 깼어.
"그건 뭔가?"
"불을 때면서 국을 끓였습죠. 한술 뜨시면 한기가 사라질 겁니다."
김 선비는 사내가 가져다준 밥을 허겁지겁 먹고서
다시 잠이 들었어.

다음 날, 김 선비는 날이 밝기도 전에 짐을 챙겨 길을 나섰어.
다시 이 선달과 돌쇠를 찾아 시장을 헤매고 있는데,
저 멀리서 돌쇠가 큰 소리로 부르며 달려왔어.
"아이고, 나리! 도대체 어디에 계셨습니까요?"
"뜨끈뜨끈한 온돌에서 잘 먹고 잘 쉬었다!"
김 선비는 불을 때어 밥을 짓고, 방도 데우는 온돌이야말로
백성을 위한 기기라며 입에 침이 마르도록 칭찬했어.
"어떤가? 이번 내기는 내가 이겼지?"
김 선비가 어깨를 으쓱하며 이 선달을 힐끗 보았어.
"그건 아니지. 나는 보지 못했으니 말일세."
이 선달이 시치미를 뚝 떼고 말했어.
김 선비는 억울했지만 하는 수 없었지.

칠흑˚같이 깜깜한 밤, 김 선비 일행이 평안도 국경을 지나고 있었어.
높다란 성벽이 빙 둘러쳐 있고, 성문은 굳게 닫혀 있었지.
"이렇게 외딴 곳에 무엇이 있을까?"
김 선비가 성 밖을 기웃기웃하는데, 병사 하나가 막아섰어.
"어디서 온 누구요?"
"한양 사는 김 선비라고 하오.
팔도 유람을 하는 길에 이곳 평안도까지 왔소이다."
"호패˚를 보여 주시오."
김 선비와 이 선달이 호패를 내보이자, 병사가 겨누었던 창을 내렸어.

칠흑 옻칠처럼 검고 광택이 있음. 또는 그런 빛깔.
호패 조선 시대에, 신분을 증명하기 위해 16세 이상의 남자가 가지고 다녔던 패.

"오랑캐들이 국경을 넘어와 우리 백성들을 괴롭힌답니다.
그래서 밤마다 성문을 꼭 닫고 개미 새끼 한 마리
들어오지 못하게 지키고 있지요."
창을 든 병사들이 성 주위를 물 샐 틈 없이 지키고 있었어.
김 선비가 성문 위로 올라가 구멍이 숭숭 뚫린
상자가 있는 수레를 만지작거렸어.
"그건 만지면 안 됩니다."
병사 하나가 얼른 김 선비의 손을 가로막았어.
"저게 신기전 화차라는 건가? 실제로 보기는 처음이군."
이 선달이 눈을 휘둥그레 뜨며 다가왔어.
"신기전 100발을 한 번에 쏠 수 있는 화차입니다.
오랑캐가 쳐들어와도 단박에 물리칠 수 있습니다."
다른 병사가 자신만만하게 말했어.

신기전 화차에
대해 궁금하다면?
107쪽

신기전 화차
화약통과 폭발 장치를 단 로켓 무기인 신기전을 쏘아 올리는 발사대예요. 수레 모양의 화차 위에 구멍이 뚫린 나무 상자를 올려놓고, 이 구멍에 신기전을 꽂은 뒤 불을 붙여 동시에 발사하지요. 적진으로 날아가 폭발하는 신기전의 위용에 적들이 겁에 질려 스스로 항복할 정도였답니다.

"이렇게 용감한 병사들과 강력한 무기가 있으니, 든든하구먼."
"신기전 화차야말로 나라와 백성을 편안히 지켜 주는 무기이구먼. 이번엔 자네가 이겼네."
이 선달의 말에 김 선비도 맞장구쳤어.
"밤새도록 성을 지키려면 배가 고플 터이니, 이거라도 들게나."
김 선비가 병사들에게 낮에 산 떡을 내밀었어.
병사들이 떡을 맛있게 먹자 김 선비는 무척 흐뭇했지.

김 선비 일행이 한양을 떠난 지도 어느덧 3개월이 지났어.
한양을 떠날 때는 한여름 햇살이 따가웠는데,
어느새 코끝 시린 계절이 되었지.
함경도 바람은 더욱더 차갑게 느껴졌어.
옷도 소매가 해어지고, 짚신도 하나밖에 남지 않았어.
셋이 어느 마을 정자나무를 지나는데,
무명옷을 팔러 가는 봇짐장수를 만났어.
"이보시오. 그 옷을 좀 볼 수 있소?"
봇짐장수가 보따리를 펼쳐 옷을 보여 주었어.

"이 옷, 따뜻하오?"

김 선비가 오들오들 떨며 물었어.

"그렇다마다요. 목화솜으로 짠 무명인걸요."

그런데 셋 다 돈이 한 푼도 없지 뭐야.

김 선비가 아쉬운 듯 무명옷을 바라보자, 봇짐장수가 말했어.

"가진 것 중에 신기한 물건이 있으면 그걸로 대신해도 됩니다."

그 소리에 이 선달이 괴나리봇짐에서 동그란 물건을 꺼냈어.

"그게 뭡니까?"

"이건 시각을 알려 주는 해시계라오. 작아서 들고 다닐 수 있소."

봇짐장수는 작은 해시계가 마음에 드는 눈치였어.

"좋소, 바꿉시다!"

무명에 대해 궁금하다면? →109쪽

무명 두루마기
목화솜에서 뽑은 실로 짠 옷감이에요. 무명은 고려 시대 사람인 문익점이 원나라에 사신으로 갔다가 목화씨를 우리나라에 들여와 재배한 덕분에 널리 쓰이게 되었지요. 부드럽고 따스한 무명 덕분에 가난한 백성들도 겨울을 따뜻하게 보낼 수 있었어요.

"정말로 따뜻하군. 이 무명도 백성을 위한 물건일세.
겨울에 무명 없이 어떻게 추위를 나겠는가!"
김 선비가 서둘러 옷을 갈아입었어.
"그럼 이번에는 나리가 이기신 겁니까요?"
김 선비와 이 선달이 동시에 고개를 끄덕였어.
"그럼 결국 두 분이 비기셨네요?"
"아니다, 아직 내기는 끝나지 않았다! 가자, 한양으로!"

한참을 골똘히 생각하던 김 선비가 다시 떠날 채비를 했어.
"조선 팔도를 다 돌아다녔는데, 뭐가 또 남았다고 저러신대?"
돌쇠가 툴툴거리며 뒤따랐어.

김 선비 일행은 함경도를 떠나 한양에 도착했어.
배도 고프고, 날도 추운데 비까지 주룩주룩 내렸어.
셋은 비를 맞으며 수표교를 지났지.
"올여름에는 비가 많이 와서 큰일 날 뻔했습지요.
강물이 수표의 9척까지 차오른 것을 보고
사람들이 피할 수 있었으니 얼마나 다행입니까?"
신나게 쫑알거리던 돌쇠가 갑자기 멈춰 섰어.
"그러고 보니, 이 수표도 백성을 이롭게 하는 것이 아닙니까?"
"참말, 그렇구나. 너도 우리와 함께 다니다 보니
백성들의 삶을 편리하게 해 주는 것이 무언지 알게 되었구나!"
김 선비가 갈모를 치켜 올리며 성큼성큼 걸어갔어.

갈모 예전에, 비가 올 때 갓 위에 덮어 쓰던 고깔과 비슷하게 생긴 물건.

서울 청계천 수표(보물 제838호, 서울시 동대문구 청량리동)
화강암으로 만든 돌기둥으로, 강물의 높이를 재는 데 쓰였어요. 1441년 청계천에 처음으로 설치하고 1에서 10척까지 눈금을 새겼어요. 3척, 6척, 9척마다 ○ 표시를 하였는데, 3척은 가뭄, 6척은 보통, 9척은 홍수를 뜻했지요. 수표가 있던 다리를 수표교라고 불렀어요.

김 선비는 일행을 데리고, 서둘러 집으로 갔어.
"마지막 내기는 바로 이 책들일세."
"에이, 나리! 말도 안 됩니다요.
책이 어떻게 백성의 생활을 편리하게 해 준단 말씀입니까?"
돌쇠가 허탈하다는 듯 외쳤어.
"과연……! 또 하나가 있지 않나?"
이 선달이 의미심장한 미소를 지었어.
"그렇지. 바로 날세. 또 자네이기도 하고, 돌쇠이기도 하지.
충청도에서 만난 노인이기도 하고,
강원도에서 만난 나무꾼이기도 하고,
평안도에서 만난 병사들이기도 하고……."
돌쇠는 김 선비와 이 선달을 번갈아 쳐다보았어.
무슨 이야기인지 도무지 알아들을 수가 없었지.

"책에는 백성의 삶을 이롭게 하는 방법이 들어 있고,
사람은 그것을 실천하니, 사람 역시 삶을 이롭게 하는 존재이지."
김 선비가 힘주어 말했어.
"책에서 배운 것을 직접 눈으로 보고 큰 깨달음을 얻었으니,
자네 덕분에 참공부를 하였네그려."
이 선달이 껄껄껄 웃으며 말했어.
돌쇠는 여전히 무슨 말인지 몰라 고개를 갸웃거렸어.
김 선비와 이 선달은 서로 마주 보며 웃기만 했지.
그런데 내기에서는 누가 이겼냐고?
조선 팔도를 유람하면서 더할 나위 없이 좋은 경험을 하였으니,
둘 다 이긴 것 아니겠어!

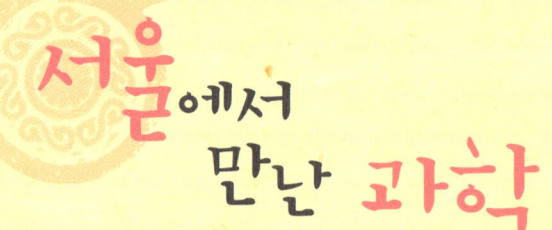

서울에서 만난 과학

한강을 끼고 기름진 평야가 발달한 서울은 역사적으로 중요한 지역이었어요. 삼국 시대에는 한강 유역을 차지하기 위해 삼국이 다투었고, 조선 시대에 이르러서는 도읍으로 정해져 '한양'이라고 불렸어요. 그리고 500여 년간 조선의 정치와 경제, 문화의 중심지가 되었지요.

조선은 특히 농업을 중요하게 여겨 국가에서 농사에 필요한 과학 기술을 지원하고 발전시켰어요. 하늘과 땅을 살펴 시간을 알리고, 강우량을 측정하여 자연재해에 대비하는 과학 기술은 이런 배경에서 탄생했어요.

지금의 중구 일대에 자리했던 작은 도읍 한양은 오늘날 서울이 되었어요. 서울은 인구가 천만에 이르는 대한민국의 수도로서 자리매김했지요. 또한 동북아시아를 대표하는 세계적인 도시로 우뚝 섰답니다.

그림자로 시간을 알려 주는 해시계, 앙부일구

앙부일구에는 복잡한 선과 글자들이 새겨져 있어요. 하지만 규칙을 알면 누구나 쉽게 시간을 알 수 있지요. 시반 안에 그려진 가로 13줄, 세로 7줄은 절기와 시각을 나타내요. 옛날에는 시간을 자, 축, 인, 묘, 진, 사, 오, 미, 신, 유, 술, 해시로 나누었는데, 앙부일구는 해가 있는 동안에만 기능을 하기 때문에 해가 떠 있는 묘, 진, 사, 오, 미, 신, 유

자시(쥐)	오후 11시 ~ 오전 1시
축시(소)	오전 1시 ~ 오전 3시
인시(호랑이)	오전 3시 ~ 오전 5시
묘시(토끼)	오전 5시 ~ 오전 7시
진시(용)	오전 7시 ~ 오전 9시
사시(뱀)	오전 9시 ~ 오전 11시
오시(말)	오전 11시 ~ 오후 1시
미시(양)	오후 1시 ~ 오후 3시
신시(원숭이)	오후 3시 ~ 오후 5시
유시(닭)	오후 5시 ~ 오후 7시
술시(개)	오후 7시 ~ 오후 9시
해시(돼지)	오후 9시 ~ 오후 11시

하루를 12로 나눈 십이시

시만 표시되어 있어요. 한자를 모르는 백성들도 시간을 볼 수 있도록 어려운 한자 대신 각 시각을 상징하는 열두 띠 동물을 그려 넣기도 하였지요. 시각선 사이에는 '각'이라고 하는 8개의 선이 그려져 있는데, 이 선 하나가 15분을 뜻해요.

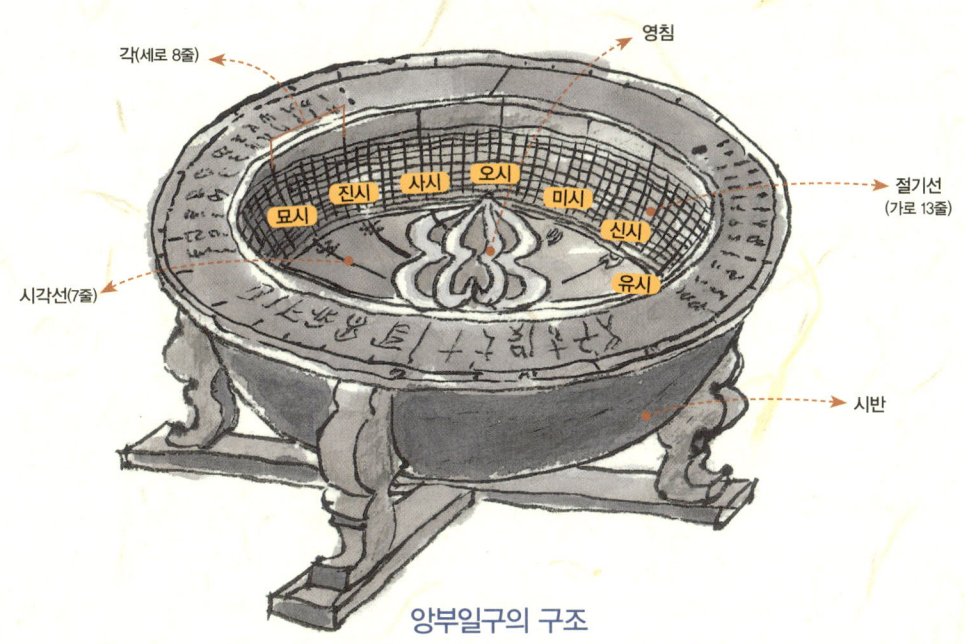

앙부일구의 구조

해가 없을 때는 물시계, 자격루!

해시계는 햇빛이 없으면 소용없었어요. 그래서 날씨와 상관없이 정확한 시간을 알려 주는 시계를 고안했지요. 바로 물시계예요. 조선 시대 이전에도 물시계를 썼지만 사람이 옆에서 계속 눈금을 지켜보며 시간을 알려야만 했어요. 이에 1434년 세종 대왕의 명을 받아 장영실, 이천, 김조 등이 자격루를 만들었어요.

자격루는 '스스로 울리는 물시계'라는 뜻이에요. 물의 흐름과 부력(기체나 액체 속에 있는 물체가 그 물체에 작용하는 압력에 의하여 위로 뜨려는 힘)을 이용하여 아주 정교하게 만든 자동 물시계로, 당시 세계 어느 나라에서도 찾아보기 힘든 뛰어난 과학 기술이었어요. 세종 대왕은 경복궁 경회루의 남쪽 보루각에 자격루를 설치하고 나라의 표준 시계로 삼았답니다.

파수호
수수호
수수호

창경궁 자격루
(국보 제229호, 서울시 중구 정동)
중종 임금 때 다시 만든 것으로, 지금은 파수호와 수수호 부분만 남아 있어요. 당시의 뛰어난 과학 기술을 알려 주는 귀중한 유산이지요.

자격루의 작동 원리

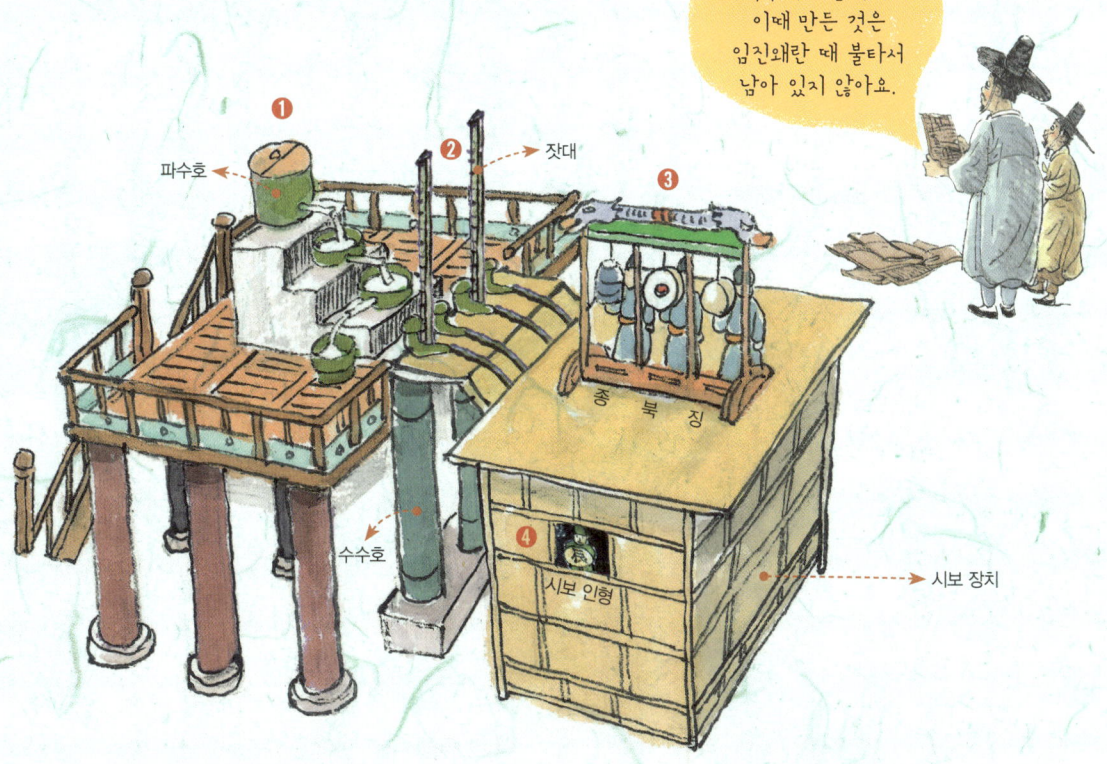

❶ 파수호(큰 항아리)의 물이 작은 항아리를 거쳐 수수호(물받이 통)로 흘러 들어가면 부력 때문에 수수호에 꽂힌 잣대가 떠오른다.
❷ 잣대가 점점 떠오르면서 구슬을 차례로 건드려 떨어뜨리는데, 2시간 간격으로 이루어진다.
❸ 작은 구슬이 시보 장치 안으로 굴러 들어가 큰 구슬에 부딪히고, 큰 구슬이 떨어지면서 그 힘으로 인형들이 각각 정해진 시간에 맞춰 종, 북, 징을 친다.
❹ 통과한 구슬이 지렛대 위로 떨어지면, 반작용으로 시각이 적힌 시보 인형이 튀어 나와 시간을 알려 준다.

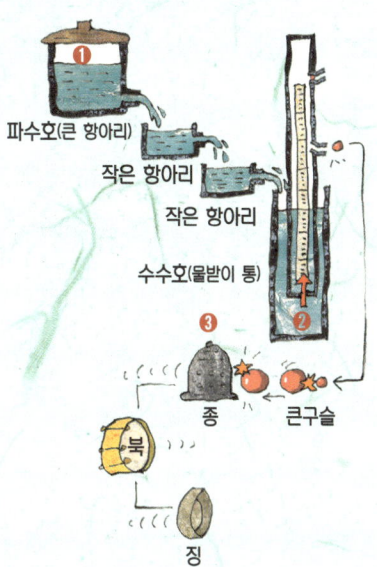

강물의 양을 재는 수표

날씨는 한 해 농사의 풍년과 흉년을 좌우하는 아주 큰 요소예요. 그래서 옛날부터 하늘의 별자리를 살피고, 달력을 만들고, 시각과 절기를 정확하게 알려 주는 과학 기술이 발달했어요. 특히 비의 양은 농사에 큰 영향을 미쳤어요. 그래서 왕들은 어떻게 하면 가뭄과 홍수에 대비해 백성들의 살림을 도울까 고민했지요.

이에 세종 대왕은 비의 양을 재는 측우기를 만들고, 홍수에 대비할 수 있도록 수표를 설치하라는 명을 내렸어요. 홍수 피해가 잦은 한강과 청계천에 수표를 설치하여 비가 올 때마다 불어나는 강물의 높이를 기록하고 홍수에 대비할 수 있게 했지요. 높이 3미터의 화강암 기둥에 1에서 10척까지 눈금을 새기고, 3·6·9척에 O 표시를 하여 글자를 모르는 백성들도 강물의 높이를 쉽게 알 수 있었어요.

수표교(서울시 중구 장충동)
수표 근처에 있던 다리를 수표교라고 불렀어요. 다리의 기둥에 글자를 새겨 수표처럼 강물의 높이를 측정하였어요.

세종 대왕이 인정한 천재 과학자 장영실

서울과학관에 세워진 장영실 동상이에요. 장영실이 측우기를 만든 5월 19일을 기려 '발명의 날'로 제정하였답니다.

앙부일구, 자격루, 수표, 측우기를 만든 사람은 누구일까요? 바로 조선 시대 과학자 장영실이에요. 장영실은 관아의 기생이었던 어머니에게서 태어나 노비로 자랐지만, 손재주가 뛰어나 태종 때부터 궁궐에서 기술자로 일했어요. 1421년에는 세종 대왕의 지원을 받아 중국에 가서 견문을 넓히고 돌아왔지요. 세종 대왕은 장영실의 재능을 높이 평가하여 정5품의 상의원 벼슬을 내렸어요. 장영실은 이런 임금의 은혜에 보답하기 위해 자격루를 만들고 앙부일구, 측우기, 갑인자(금속 활자) 등을 차례로 발명하여 조선의 과학 기술 수준을 높였어요. 그러나 세종 대왕을 위해 만든 가마가 부서지는 사고가 발생해 관직에서 쫓겨나고 말았지요. 안타깝게도 그 이후의 행방은 전해 오지 않아요.

장영실의 발명품 중에 특히 천문과 시간을 알리는 기구가 많은 까닭은 당시 조선에 독자적인 시간이 없었기 때문이에요. 명나라의 시간과 달력을 빌어 쓰고 있었지만 지리적 차이 때문에 조선의 실정에 맞지 않을 때가 있었어요. 그래서 세종 대왕이 조선에 맞는 시간을 찾기 위해 애썼고, 장영실이 큰 힘이 되었답니다.

경기도에서 만난 과학

경기는 '왕도(왕궁이 있는 도시)의 외곽 지역'이라는 뜻이에요. 조선 시대에 한양을 도읍으로 정하고 전국을 8도로 나누면서 지금의 경기도 일대를 '경기도'라고 불렀지요. 한양을 둘러싸고 있는 경기도는 한반도의 중심에 위치하여 정치·경제·사회·문화·군사 등 모든 면에서 중심지로써 큰 역할을 했어요.

경기도는 오늘날에도 서울을 둘러싸고 수도의 역할을 분담하고 있으며 우리나라의 도 가운데 가장 인구가 많은 지역이에요. 다양한 산업과 문화도 집중되어 있지요.

정확하고 쓰기 편리한 대동여지도

대동여지도를 만든 김정호는 조선 후기의 지리학자로 지도에 관심이 많았어요. 여러 지도와 지리서를 연구하고 고증하여 '청구도', '동여도' 같은 지도와 '동여도지', '여도비지', '대동지지' 등의 지리서를 만들었지요.

그중에서도 대동여지도는 30여 년간 공들인 끝에 1861년에 완성한 대작이에요. 70여 장의 목판에 새겨 22첩의 책자 형태로 완성한 것으로, 필요한 부분만 가지고 다니기 쉽게 만들었어요. 1첩은 가로 약 20센티미터, 세로 약 30센티미터이고, 22첩을 펼쳐 이으면 커다란 우리나라 전도가 돼요.

대동여지도는 우리나라 지형을 약 16만분의 1로 줄여 표현했는데, 해안선과 산맥, 강줄기 등의 지형을 정확하게 묘사하여 오늘날의 지도와 견주어도 전혀 손색이 없어요. 또한 도로를 나타내는 선 위에 10리마다 점을 찍어 실제 거리를 알 수 있게 했으며, 글자를 최대한 줄이고 지도에 쓰이는 독자적인 기호를 사용하여 다양한 지명과 지리 정보를 기록했답니다.

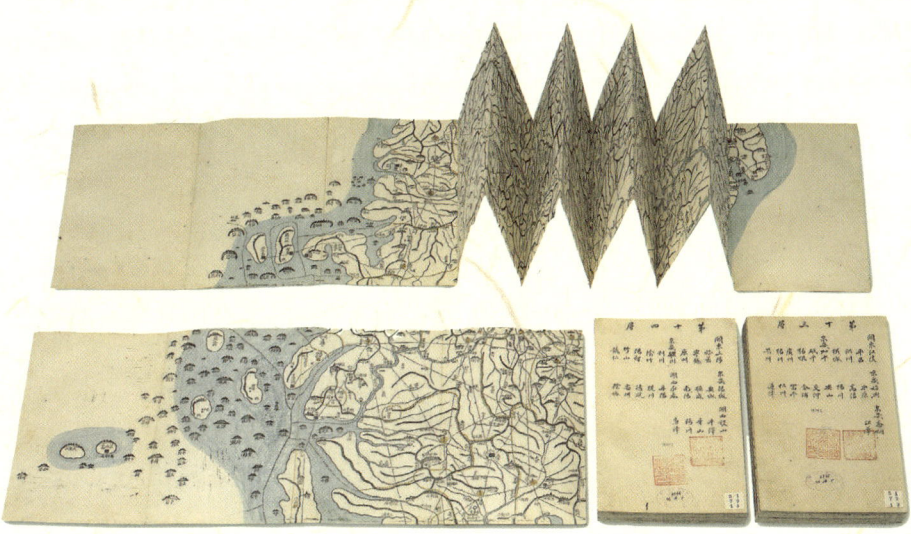

1861년에 목판으로 찍어낸 대동여지도의 일부분이에요. 국립중앙박물관에 소장되어 있지요.

동서양의 건축 기술로 완성한 수원 화성

정조 임금은 아버지 사도 세자의 묘를 화산(지금의 경기도 화성)으로 옮기면서 원래 그곳에 살던 백성들의 터전을 새로이 마련해 주고자 수원 화성에 신도시를 세우려 했어요.

화성은 1794년 1월에 공사를 시작하여 1796년 9월에 완성됐어요. 실학자 정약용이 도시 설계를 맡고, 영의정 채제공이 공사의 책임을 맡았지요. 공사 기간은 10년을 예상했는데, 불과 2년 9개월 만에 마무리되었어요. 서양의 과학 기술을 이용한 거중기와 녹로, 유형거 같은 첨단 기계를 활용하여 공사 시간과 비용을 크게 단축시켰던 거예요.

화성은 구릉 지대인 지형적 특성을 최대한 활용하고 돌과 벽돌로 치밀하고 견고하게 지었어요. 동양과 서양의 건축 기술이 잘 어우러진 독특한 성으로 평가 받아 1997년에는 유네스코 세계 문화유산으로 지정되었답니다.

수원 화성 서장대(사적 제3호, 경기도 수원시 장안구)
장수가 군사를 지휘하는 누각이에요. 팔달산 꼭대기에 위치하여 성곽 일대를 한눈에 내려다볼 수 있어요.

화성 건축에 쓰인 기계들

정약용은 청나라에서 들여온 역학서인 《기기도설》을 참고하여 거중기를 비롯한 독창적인 기계들을 만들었어요.

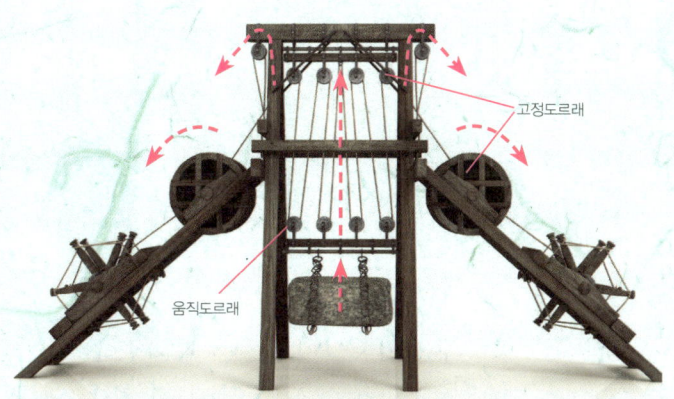

거중기
위의 고정도르래 4개와 아래의 움직도르래 4개를 연결하고 움직도르래에 물체를 매단 뒤, 양쪽에 있는 고정도르래에 끈을 연결하고 물레에 감아 돌리면 물체가 위로 끌려 올라가지요. 거중기 한 대로 장정 30명이 7.2톤이나 되는 무거운 돌을 들어 올릴 수 있었어요.

화성 건설의 모든 과정과 비용, 인력 등을 《화성성역의궤》에 기록하여 오늘날 화성을 복원하는 데 큰 도움이 되었지요.

녹로
장대 끝에 도르래를 매달아 무거운 물건을 들어 올리는 기계예요. 무거운 돌이나 큰 기둥, 대들보를 들어 올리는 데 유용했어요.

유형거
기존 수레들의 단점을 보완하여 바퀴를 더욱 튼튼하게 만들고, 무게 중심을 평형으로 맞춰 비탈길에서도 빠르고 가볍게 움직이도록 했어요.

충청도에서 만난 과학

충청도는 '호서 지방'이라고도 해요. 신라 때 지은 저수지인 '제천 의림지의 서쪽'이라는 뜻이지요. 백제 때는 여러 나라와 교류하여 찬란한 문화를 꽃피웠고, 통일 신라 시대에는 국토의 한가운데에 위치하여 나라의 중심부 역할을 했어요. 조선 시대에는 중부와 남부 지방을 연결하는 교통의 요지였지요. 특히 한양과 가까운 남쪽에 위치하여 사대부들이 많이 모여 살아서 양반 문화가 발달했어요. '충청도 양반'은 여기에서 비롯된 말이랍니다.

오늘날에는 충청남도와 충청북도로 나뉘었고, 세종 특별자치시가 들어서 새로운 행정의 중심지가 되었어요.

숨 쉬는 그릇, 옹기

　우리 조상들은 선사 시대부터 진흙을 빚어서 생활에 필요한 도구를 만들어 썼어요. 이것이 옹기로 발전했지요. 옹기에는 신기한 과학이 숨어 있어요. 옹기가 가마에서 높은 온도로 구워지는 동안 진흙 속에 든 결정수(결정성 물질 속에 일정한 비율로 들어 있는 물)가 증발하면서 미세한 구멍이 생기는데, 이 구멍을 통해 공기가 드나들면서 음식의 발효와 저장을 도와요. 이 때문에 옹기를 '숨 쉬는 그릇'이라고 하지요.

　옹기는 간장, 된장, 김치, 장아찌 등 발효·저장 식품이 발달한 우리나라 음식 문화에 꼭 알맞은 저장 용기예요. 또 옹기를 구울 때 나오는 검댕과, 유약으로 쓰는 잿물이 천연 방부제 역할을 하여 식품을 오랫동안 신선하게 보관할 수 있답니다.

옛날에는 집 뒤뜰의 양지바르고 통풍이 잘 되는 곳에 장독대를 두었어요. 장독에는 각종 장과 장아찌, 김치 등을 담아 보관했지요.

전라도에서 만난 과학

전라도는 '호남 지방'이라고도 해요. '호수의 남쪽'이란 뜻으로 김제의 벽골제 또는 금강의 남쪽을 의미하지요. 예로부터 넓고 비옥한 평야가 발달하여 우리나라 최대의 곡창 지대로 자리매김해 왔어요. 또 해안선이 복잡하고 섬이 많아 수산업이 발달했지요. 그래서 풍부한 식재료를 바탕으로 맛깔스러운 음식이 다양하게 발전했답니다.

조선 시대에는 대표적인 귀양지였어요. 조선 후기에 고부(지금의 전라북도 정읍)를 시작으로 동학 농민 운동이 처음 일어났던 지역이기도 하지요.

오늘날에는 전라남도와 전라북도로 행정 구역이 나뉘었고, 옛 문화와 전통의 맥을 이어가고 있어요.

백 번의 손길에서 탄생한 종이, 한지

한지는 닥나무로 만든 우리나라 전통 종이예요. '백지'라고도 하지요. 한지를 완성하기까지 장인의 손길이 아흔아홉 번 닿고, 거기에 종이를 사용하는 사람의 손길이 더해져 백 번의 손길이 닿는 종이라는 뜻이에요.

조선 시대에는 종이 만드는 관청인 '조지서'를 세우고 나라에서 직접 관리할 정도로 중요하게 여겼어요. 특히 전라도 전주는 한지를 만드는 닥나무가 잘 자라고, 물에 철분이 적어서 우수한 종이를 만들 수 있었지요.

한지는 추운 겨울에 차갑고 맑은 물로 만들기 때문에 빳빳하고, 미생물이 잘 번식하지 않으며, 매끄럽고 아름다운 광택이 돌아요. 또 빛과 공기를 통하게 하면서 습도도 조절하지요. 그래서 예로부터 다양한 생활용품에 많이 쓰였답니다.

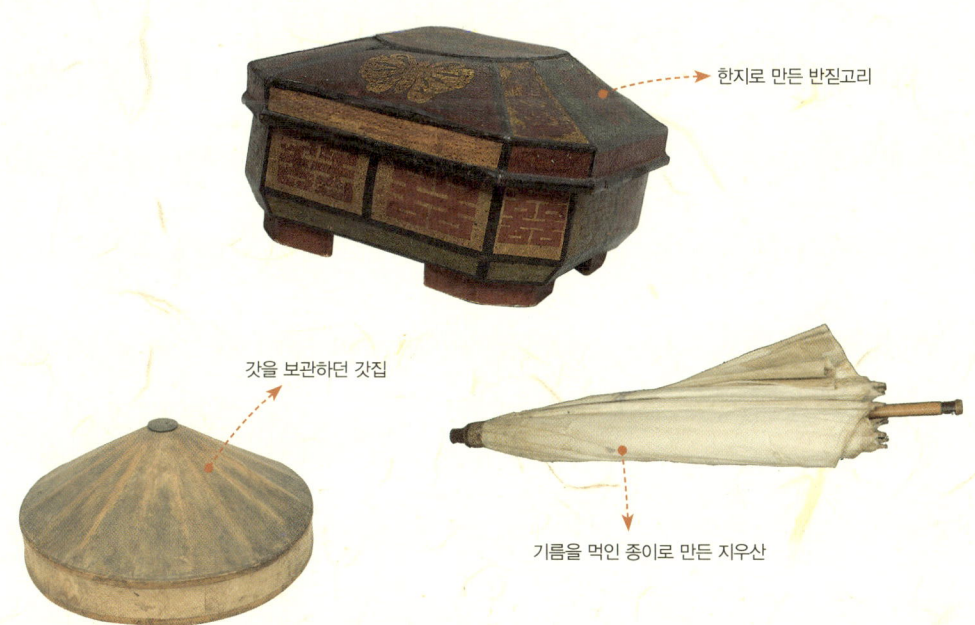

한지로 만든 반짇고리

갓을 보관하던 갓집

기름을 먹인 종이로 만든 지우산

한지는 어떻게 만들까요?

❶ 닥 채취하기
11월에서 2월까지 껍질이 여리고 부드러운 1년생 닥나무를 채취해요.

❷ 닥무지
닥 껍질을 벗기기 쉽게 가마에 넣고 수증기로 8시간 정도 쪄요.

❸ 닥 껍질 벗기기
식힌 닥의 껍질을 벗겨요. 거무튀튀한 겉껍질을 모두 벗겨 하얗게 만드는데, 이것을 '백피'라고 해요. 백피는 하루 이틀 정도 찬 냇물에 담갔다가 햇볕에 말리는 작업을 반복하여 새하얗고 부드럽게 만들어요.

❹ 잿물에 삶기
백피를 적당한 크기로 잘라 잿물에 8시간 정도 삶아요. 잿물은 백피를 표백하는 역할을 해요. 삶은 닥은 맑은 물이 나올 때까지 계속 씻는데, 이때 흐르는 물속에 백피를 펼쳐 햇볕을 골고루 쬐어 주면 더욱 하얗게 돼요.

❺ 두드리기(고해)
하얘진 닥 섬유를 편평한 닥돌 위에 올려놓고 나무 방망이로 두들겨 찧어요. 이 과정이 끝나면 닥 섬유의 부피가 처음보다 두 배가량 늘어나지요.

❻ **섬유 풀기(해리)**
곤죽이 된 닥 섬유를 물을 채운 지통에 풀어 골고루 저어요. 이때 황촉규 뿌리로 만든 닥풀을 넣고 종이를 만들기에 알맞도록 농도를 맞춰요.

❼ **한지 뜨기**
촘촘한 대나무 발과 이를 받치는 틀로 이루어진 직사각형 발틀을 앞뒤, 양옆으로 움직여 닥물을 흘려보내요. 이 작업을 되풀이하면 닥 섬유가 우물 정(井)자 모양으로 서로 얽혀요.

❽ **물빼기**
한지 뜨기가 끝날 때마다 만든 종이를 차곡차곡 쌓아요. 그런 다음 맨 위에 무거운 돌을 올려놓고 하루 동안 물이 서서히 빠지길 기다려요.

❾ **한지 말리기**
물기를 뺀 종이는 햇빛에 말리거나 뜨끈한 온돌방에 깔아 말려요.

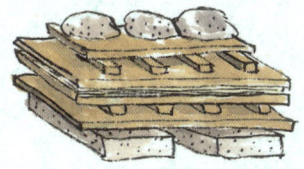

❿ **다듬기(도침)**
말리는 과정에서 생긴 주름들을 홍두깨나 디딜방아로 두들겨서 매끄럽게 펴요. 도침을 하면 섬유질이 더욱 촘촘해져서 광택이 돌고, 글씨를 쓸 때 먹이 잘 퍼지지 않아요.

우리 바다에 딱 맞는 전투함, 거북선

거북선은 배의 몸체에 둥근 지붕을 씌우고, 그 위에 뾰족한 쇠못을 박은 전투함이에요. 배의 앞머리에는 용머리가 달려 있지요. 130여 명이 탈 수 있는데, 그중 절반 이상은 노를 젓는 군사들이어서 이동 속도가 빨랐어요. 그리고 배 양옆에서 활과 포를 쏘아 적을 공격하기에 알맞았지요.

특히 왜적들은 해전에서 주로 배에 뛰어들어 칼과 창으로 공격했는데, 거북선은 지붕이 있고, 쇠못이 박혀 있어서 적들이 함부로 뛰어들 수가 없었어요. 또 밖에서는 배 안을 볼 수 없어 제대로 공격을 할 수도 없었지요.

그런가 하면 노와 돛을 함께 사용해 역풍이 불거나 썰물 때에도 자유롭게 움직일 수 있었어요. 이 때문에 거북선이 적진으로 빠르게 돌진하여 길을 트고, 판옥선이 뒤따라 공격하면 적이 꼼짝 못했지요.

쇠못
배를 판자로 덮고 그 위에 뾰족한 쇠못을 박아 왜군이 배에 오르지 못하게 했어요.

배 꼬리
거북의 꼬리 모양으로 만들어 방향을 쉽게 바꿀 수 있어요.

대포 구멍
뱃머리와 양옆으로 구멍을 내고 대포와 화약이 달린 화살을 쏘아 적을 공격했어요.

판옥선은 우리나라의 대표적인 전투선으로, 배의 지붕을 널빤지로 덮고 배 위에 지휘소인 누각을 설치했어요. 밑바닥이 편평해서 암초에 걸리지 않고 물의 저항을 적게 받아 방향을 바꾸기가 쉬웠지요. 2층 구조로 되어 있어서 1층에서는 군사들이 노를 젓고, 갑판 위 넓은 곳에서는 전투를 치렀어요. 배가 크고 높아서 적이 선상에 기어오를 수 없었고, 포를 높게 설치하여 적을 공격하는 데 유리했지요. 거북선은 이 판옥선을 변형하여 만들었답니다.

돛대
전투를 할 때에는 눕히고 이동할 때는 세울 수 있게 만들었어요.

용머리
유황이나 염초를 태운 연기를 용의 입으로 내뿜어서 왜군들의 시야를 가렸고 대포를 쏘기도 했어요.

무기고와 선실
배의 아래층에 화포와 화살, 창검 같은 무기를 두는 곳과 병사들이 머무는 공간이 있었어요.

경상도에서 만난 과학

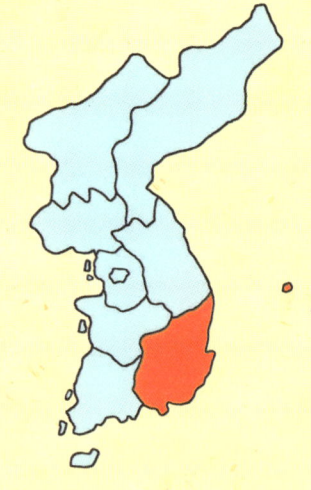

경상도는 우리나라 남동부에 있어요. 조령(문경 새재)의 남쪽이란 뜻으로 '영남'이라고도 하지요. 기원전에는 진한과 변한의 영토였고, 그 뒤 가야와 신라의 중심지였어요. 덕분에 세계에 자랑할 만한 문화유산이 곳곳에 남아 있지요.

경상도 일대를 흐르는 낙동강 주변은 땅이 비옥해요. 그래서 조선 시대에는 전국에서 인구가 가장 많은 지역이었어요. 그러나 바다 건너 일본과 가까워 고려 시대부터 왜적의 침입을 많이 받기도 했지요.

오늘날에는 경상남도와 경상북도로 행정 구역이 나뉘었어요. 수도권 다음으로 인구가 밀집해 있고, 대한민국 제2의 도시인 부산이 자리해 있어요. 또한 해안선을 따라 우리나라 최대의 중화학 공업 지대가 조성되어 중공업이 발달했답니다.

세계 최초의 우량계, 측우기

비는 농사를 짓는 데 아주 중요해요. 그래서 사람들은 강우량을 예측하여 대비하고자 했어요. 처음에는 빗물이 땅속으로 스며든 정도를 보고 비의 양을 쟀는데, 모래흙과 진흙, 높은 곳과 낮은 곳, 습기가 많은 곳과 없는 곳에 따라 빗물이 스며든 정도가 달라서 정확한 양을 알기가 어려웠어요. 이를 해결하기 위해 1441년 세종 대왕 때 비의 양을 재는 측우기를 만들었어요. 그리고 전국에 같은 규격의 측우기와 주척을 나누어 주고 비의 양을 기록하게 했지요.

그러나 임진왜란과 병자호란을 거치면서 측정한 기록이 사라지고 말았어요. 그 뒤 1770년 영조 임금 때 측우기를 복원하여 강우량을 다시 측정했어요. 이때부터 오늘날까지 측정한 서울의 강우량 관측 기록은 세계에서 가장 오랫동안 이어진 기록이랍니다.

주척
비의 양을 재는 자예요. 2밀리미터까지 잴 수 있도록 눈금이 세세하게 표시되어 있어요.

우량계
비의 양을 측정하는 부분이에요. 깊이 약 31센티미터, 지름 약 15센티미터의 원통형이에요.

측우대
우량계를 받치는 받침대예요. 대리석 또는 화강암 등으로 만들고 윗부분에 지름 약 16센티미터, 깊이 약 4센티미터 정도의 둥근 홈을 파서 우량계를 세웠어요.

측우기의 구조

한여름에 먹는 겨울 얼음!

겨울에 꽁꽁 언 얼음을 캐 석빙고에 저장하면 한여름까지 녹지 않았어요.

석빙고를 만들 때 얼음을 오랫동안 보관하기 위해 여러 과학적인 방법들을 동원했기 때문이지요.

먼저 땅을 깊게 파서 단단한 화강암으로 벽을 쌓아 바깥의 열을 막고, 천장에 세 개의 구멍을 뚫어 더운 공기가 위로 빠져나가게 했어요. 또 물이 생기면 얼음이 더 빨리 녹기 때문에 바닥을 경사지게 만들고 배수로를 설치해 녹은 물을 빨리 내보냈지요.

얼음을 보관하는 방법도 독특했어요. 겨울에 강에서 캔 얼음을 종이에 싸서 층층이 쌓은 다음, 짚과 왕겨를 덮어 보관했어요. 짚과 왕겨는 열이 닿는

청도 석빙고(보물 제323호, 경상북도 청도군 화양읍)
현재 남아 있는 석빙고 중에 가장 먼저 만들어졌어요. 외부가 많이 훼손되었지만, 대신 내부를 자세히 볼 수 있어요.

것을 막아 얼음이 녹지 않게 했지요.

　얼음은 구하기도 어렵지만 보관하기도 힘들어서 아주 귀한 대접을 받았어요. 오늘날처럼 누구나 쉽게 얻을 수 없었지요. 나라의 큰 제사에 쓰거나, 높은 관리들에게 선물로 주는 등 특별한 경우에 주로 쓰였어요. 때로는 아픈 사람을 치료할 때 쓰기도 했지요.

　우리나라에서는 삼국 시대 때부터 석빙고를 만들어 사용했는데, 조선 시대에는 한양에 동빙고와 서빙고를 두고, 창덕궁 안에 내빙고를 두어 얼음을 보관했다고 해요. 지방에도 곳곳에 석빙고가 있었어요. 조선 시대에 만들어진 석빙고는 현재 경주, 안동, 창녕, 청도 등에 남아 있어요.

서빙고와 동빙고는 목재로 만들어져 지금은 남아 있지 않아요. 석빙고는 주로 얼음을 옮기기 쉬운 강가나 개울 주변에 만들었지요.

강원도에서 만난 과학

우리나라 중부 동쪽에 있는 강원도는 면적의 80퍼센트가 높은 산지이고 동해와 맞닿아 있어요.

우리나라에서 두 번째로 넓은 지역이지만 땅이 척박하여 논농사를 짓기 어려워서 옛날부터 사람이 살기 힘든 곳이었어요. 그래서 주로 밭농사를 짓고, 눈이 많이 내리는 추운 겨울을 견디기 위한 생활 방식이 발달했어요.

험한 산세 때문에 다른 지역과 왕래가 드물다 보니 아름다운 자연환경과 옛 문화유산이 잘 보존되었어요. 덕분에 오늘날에는 관광 산업이 크게 발달하여 많은 사람들이 찾는답니다.

너와로 지붕을 덮은 집

　옛사람들은 흙과 나무, 돌 등 주변에서 쉽게 구할 수 있는 재료로 집을 지었어요. 또한 각 지역의 자연환경에 적합한 구조로 지어 지역마다 특색이 뚜렷하지요. 특히 산이 많은 강원도에서는 기와나 짚 대신 쉽게 구할 수 있는 '너와'로 지붕을 이었어요. 너와는 지붕을 덮는 나뭇조각으로, '너새'라고도 해요. 가로 30센티미터, 세로 60센티미터, 두께 4~5센티미터 정도 되는 너와로 지붕을 잇고 바람에 날리지 않도록 무거운 돌이나 통나무를 지붕 위에 올렸어요. 너와집은 여름에는 너와 사이로 바람이 들어와 시원하고, 겨울에는 지붕에 쌓인 눈이 빈틈을 막아 온기를 유지했답니다.

너와집
강원도에서는 '느에집' 또는 '능에집'이라고 해요. 주로 숲을 일구어 농사짓고 사는 화전민이나 산간 마을 주민들이 지어 살았던 집으로, 지금은 거의 찾아볼 수 없어요.

우리나라의 독특한 집

우리나라 전통 가옥은 기와집과 초가집으로 구분해요. 서민들은 주로 손쉽게 구할 수 있는 볏짚으로 초가집을 짓고 살았어요. 그밖에도 주변에서 쉽게 구할 수 있는 재료로 특색 있는 집을 짓기도 했어요.

초가집

볏짚으로 지붕을 이은 집이에요. 볏짚은 가볍고 단열이 잘 되며, 농사를 짓는 곳이면 어디서든 쉽게 구할 수 있어서 아주 경제적이었어요. 대신 1년에 한 번 새로 지붕을 이어야 하는 번거로움이 있었지요. 추수가 끝나면 집집마다 새 볏짚으로 지붕을 이었어요. 볏짚 대신 띠나 억새, 갈대를 사용하기도 했어요.

귀틀집

통나무를 우물 정(井) 자 모양으로 귀를 맞추어 쌓아 올리고 틈새는 진흙으로 막아 지은 집이에요. 정교한 기술이나 도구 없이 튼튼하게 지을 수 있어, 나무가 풍부한 태백산지나 개마 고원 등지에 사는 화전민들이 주로 짓고 살았어요.

굴피집

참나무, 굴참나무, 상수리나무 등의 껍질로 지붕을 엮어 만든 집이에요. 날씨가 춥고, 눈이 많이 오는 강원도와 함경도 산간에서 주로 지었어요. 굴피는 가볍고 질기고, 비에 젖으면 부피가 늘어나 집 안에 습기가 스미는 것을 막아 주었어요. 그러나 건조한 겨울에는 부피가 줄어들어 추위를 막는 데 어려움이 있었지요.

우데기

바람이 많이 불고 눈이 많이 내리는 울릉도에서는 귀틀집에 우데기라는 외벽을 둘렀어요. 억새나 옥수숫대를 촘촘히 엮은 울타리를 처마까지 높이 둘러서 눈이 집 안으로 들어오지 못하게 막고, 집 주위를 다닐 수 있는 통로로 이용하였지요.

우리나라의 전통 가옥을 '한옥'이라고 해요. 기와집뿐 아니라 초가집, 너와집, 귀틀집도 모두 한옥에 속하지요.

황해도에서 만난 과학

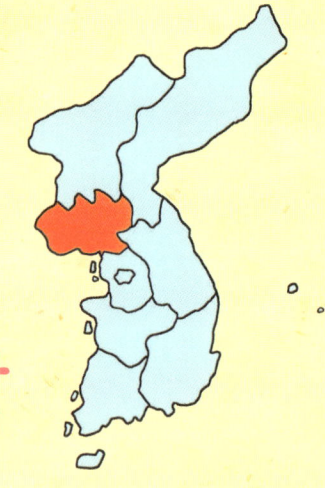

황해도는 경기도와 평안도 사이에 위치하고 서해와 닿아 있어요. 고려의 도읍인 개성이 자리했던 지역이기도 해요. 재령 평야, 연백 평야를 비롯해 크고 작은 평야가 펼쳐져 있어 농업이 발달했고 서해를 통해 활발한 교역이 이루어져 물자가 풍부했어요. 조선 시대에는 중국 사신이 오가는 길목이어서 외교 면에서도 중요했지요.

황해도에는 오랜 전통을 자랑하는 민속놀이가 여럿 전해 오는데 가장 이름난 것은 중요 무형 문화재로 지정된 봉산 탈춤이에요.

지금은 황해남도와 황해북도로 나뉘어 북한에 속해요.

돌을 데워 난방을 하는 온돌

온돌은 우리나라만의 독특한 난방법이에요. 주택과 생활 방식이 모두 서구화된 요즘에도 온돌 난방만은 그대로 사용하지요.

온돌의 역사는 삼국 시대 이전으로 거슬러 올라갈 만큼 오래되었어요. 겨울이 혹독하게 추운 북부 지방에서 시작되어, 조선 시대에는 전국으로 퍼졌지요. 온돌은 열의 전도와 복사, 대류 성질을 모두 이용하여 열 손실을 적게 하는 아주 경제적인 난방법이에요. 또한 온돌을 데우는 열로 아궁이에서 음식을 만들 수 있어 조리와 난방을 동시에 할 수 있는 일석이조의 난방 장치이지요.

온돌의 원리를 살펴보면 먼저 바닥에 작은 돌과 흙을 쌓아 둑을 만들고, 그 위에 단단하고 넓적한 돌을 깔아요. 그리고 돌 위에 진흙과 장판지를 깔아 구들장을 완성하지요. 아궁이에 불을 때면 방 안쪽으로 길게 난 길(고래) 사이로 따뜻한 열기가 퍼져 나가고, 이 열기가 돌을 데워 방바닥이 따뜻해지는 거랍니다.

온돌의 구조

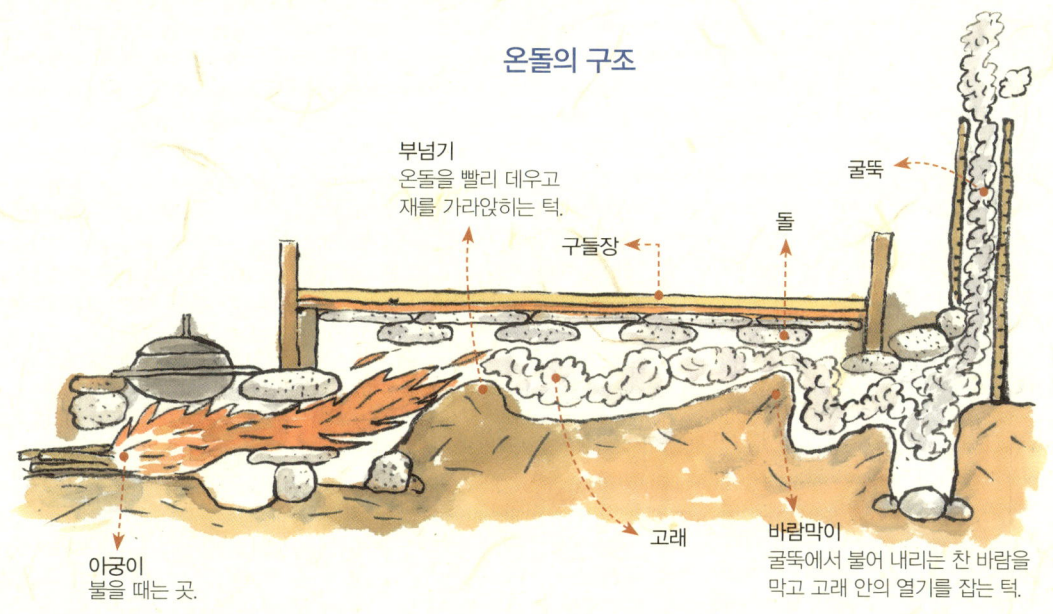

부넘기
온돌을 빨리 데우고 재를 가라앉히는 턱.

구들장

돌

굴뚝

고래

바람막이
굴뚝에서 불어 내리는 찬 바람을 막고 고래 안의 열기를 잡는 턱.

아궁이
불을 때는 곳.

평안도에서 만난 과학

평안도는 아주 오래전부터 역사의 중심지였어요. 우리나라 최초의 나라인 고조선에서부터 차례대로 고구려, 발해, 고려의 영토에 속했지요. 조선 시대 초기에는 압록강 북쪽에서 여진족이 쳐들어와 약탈을 일삼았어요. 이에 세종 대왕은 최윤덕 장군을 평안도로 보내 여진족을 몰아내고, 평안도 압록강 유역과 함경도 두만강 유역에 행정 구역인 4군과 6진을 설치하여 성을 쌓게 하였지요. 그리고 백성들을 이주시켜 영토를 유지하는 데 힘썼어요.

현재는 평안남도, 평안북도, 자강도를 포함하는 지역으로 북한의 수도인 평양이 자리해 있어요.

로켓의 원리를 이용한 신기전

고려 시대에 최무선이 개발한 화약 무기 중에 '달리는 불'이라는 뜻의 주화가 있었어요. 화살에 화약 통을 달아서 멀리 쏘아 올리는 무기였는데, 이를 조선 시대에 로켓 형태로 개량하여 만든 것이 신기전이에요. 주화에 폭탄 장치인 발화통을 연결하여 주화보다 더욱 멀리 날아가 목표 지점에서 폭발하는 아주 강력한 첨단 과학 무기였지요. 처음에는 빈 화살통에 꽂아 발사하다가 화차가 발명된 뒤에는 100개를 한꺼번에 발사했어요.

화차는 300여 개가 넘는 부속품으로 정교하게 만든 발사 장치예요. 수레 모양의 화차 위에 둥근 구멍이 뚫린 나무통을 쌓아 올린 뒤, 각 구멍에 신기전을 꽂고 불을 붙여 한꺼번에 발사하지요. 세종 대왕 때, 화차 90개를 만들어 평안도 의주성에서 여진족을 물리친 기록이 있어요. 임진왜란 때는 행주산성에 쳐들어온 왜군을 신기전 화차로 크게 무찔렀답니다.

신기전 발사 시연
과학기술연합대학원대학교 채연석 교수가 1993년, 조선 시대의 최첨단 무기였던 신기전을 복원했어요. 그 뒤로 세상에 널리 알려졌지요.

함경도에서 만난 과학

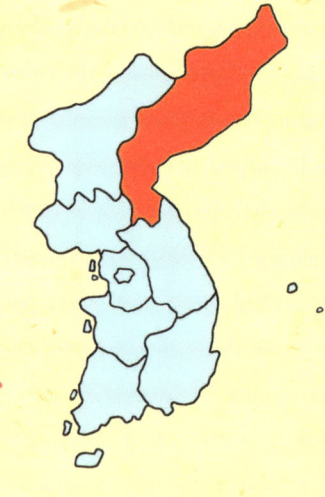

함경도는 압록강과 두만강 상류 지역을 동서로 끼고 있는 한반도 최북단 지역이에요. 강원도 철령 고개에 있는 요새인 철령관의 북쪽에 있어서 '관북 지방'이라고도 불렀지요. 함경도는 옥저와 고구려, 발해, 고려, 조선의 영토로 변해 왔어요. 그동안 끊임없는 이민족의 침입에 시달려야 했지요. 게다가 백두산과 개마고원 등 험한 산지가 대부분이고, 한겨울에는 영하 40도까지 내려갈 정도로 혹독한 추위가 닥쳐 사람이 살기에 좋은 환경이 못 되었어요.

지금은 북한에 속한 지역으로 함경남도, 함경북도, 양강도로 나뉘어요. 양강도 삼지연군과 중국 길림성 경계에는 한반도에서 가장 높은 산인 백두산이 있답니다.

백성들의 추운 겨울을 지켜 준 목화

목화는 아욱과의 한해살이풀이에요. 특이하게도 열매가 하얀 털 모양의 섬유로 변하는데, 여기에서 실을 뽑아 옷감을 짜요. 이렇게 만든 옷감인 무명은 물을 잘 흡수하고 통풍이 잘 되는데다, 가볍고 따뜻해서 널리 이용되었지요.

그러나 목화가 우리나라에 들어온 것은 그리 오래되지 않았어요. 고려 시대 말 문익점이 원나라에 사신으로 갔다가 씨를 가져와 심은 것에서 시작되었지요. 목화가 재배되기 전에는 모시나 삼베, 닥 섬유, 누에고치에서 얻은 비단으로 옷을 지었어요. 그런데 모시나 비단은 값이 비싸서 아무나 입을 수 없었고, 삼베는 거칠고 보온성이 없어 겨울을 나기에 역부족이었어요. 그러다가 무명이 널리 퍼지면서 백성들도 겨울을 따뜻하게 날 수 있었답니다.

빛이 희고 얇은 무명인 옥양목으로 만든 저고리

옥양목 반회장저고리

쪽물을 들인 무명 치마

누런 광목으로 만든 속옷인 속속곳

무명 짜는 법

씨아

❶ 씨 빼기
목화의 씨를 빼는 기구인 씨아를 이용하여 목화솜에서 씨를 빼내요. 토막나무에 두 개의 기둥을 박고 그 사이에 둥근 나무 두 개를 끼워 손잡이를 돌리면 톱니처럼 마주 돌아가면서 목화의 씨가 빠져요.

무명활

❷ 솜반 짓기
씨를 뺀 목화솜을 무명활로 두드려 부풀려요. 그런 다음 일정한 크기로 말아서 고치를 만들어요.

물레

❸ 무명실 뽑기
물레를 이용하여 고치에서 실을 뽑아요. 얼레처럼 생긴 바퀴를 돌리면 바퀴에 감겨 돌아가는 물렛줄이 가락을 돌려 고치의 실을 뽑지요.

베틀

❹ 베틀로 옷감 짜기
베틀을 이용해 날실(세로 방향으로 놓인 실)과 씨실(가로 방향으로 놓인 실)을 엮어 옷감을 짜요.

자연에서 얻은 다양한 옷감

삼베

삼이라는 식물의 섬유를 실로 만들어 짠 천이에요. 베 또는 대마포라고도 하지요. 수분을 잘 빨아들이고 배출하며, 자외선을 잘 차단하고 항균 능력이 뛰어나서 여름용 옷감으로 많이 쓰여요. 또 수의와 상복에도 쓰이지요. 무명이 널리 쓰이기 전에 주로 썼던 옷감이에요.

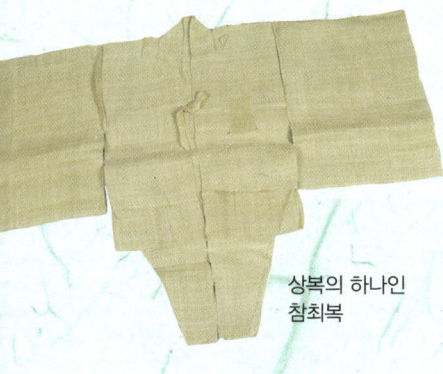

상복의 하나인 참최복

모시

모시풀의 섬유를 실로 만들어 짠 천이에요. 모시 베, 저마라고도 하지요. 삼베보다 희고 올이 고와서 여름용 옷감으로 많이 쓰여요. 모시는 습하고 따뜻한 곳에서 잘 자라기 때문에 충청도와 전라도 일부 지역에서만 재배돼요. 특히 충청남도 서천군의 한산 모시가 유명하지요.

모시 치마

비단

비단은 누에고치에서 뽑은 명주실로 짠 옷감이에요. 다른 섬유와 달리 가볍고 촉감이 부드러우며 광택이 돌아서 예로부터 귀하게 여겼어요. 또한 수분이 증발하는 것을 막고 땀의 흡수와 발산을 도우며 보온성이 좋아 겨울옷에 많이 쓰였지요. 우리나라는 누에치기에 알맞은 지역이어서, 일찍이 비단 직조 기술이 발달했어요.

여자 예복인 활옷

문화재 사진 도움 주신 곳

Getty Images / 멀티비츠 61쪽 신기전 화차
국립고궁박물관 43쪽 창덕궁 측우대
국립민속박물관 24쪽 똥장군 67쪽 무명 두루마기 91쪽 갓집, 반짇고리, 지우산 109쪽 옥양목 저고리, 쪽물 치마, 속속곳, 반회장저고리 111쪽 참최복, 모시 치마, 활옷
국립중앙박물관 80쪽 창경궁 자격루 85쪽 대동여지도
두피디아 17쪽, 87쪽 거중기
성신여자대학교 박물관 14쪽 대동여지도
연합뉴스 11쪽 앙부일구 15쪽 수원 화성 팔달문 41쪽 경주 석빙고 54쪽 온돌 82쪽 수표교 83쪽 장영실 동상 86쪽 수원 화성 서장대 89쪽 장독대 107쪽 신기전 발사 시연
전쟁기념관 35쪽 거북선 모형
한국학중앙연구원 49쪽 너와집 71쪽 서울 청계천 수표 98쪽 청도 석빙고 101쪽 너와집 102쪽 초가집, 귀틀집 103쪽 굴피집
한국향토문화전자대전 103쪽 우데기